HISTOIRE

DE LA

Découverte de l'Ile de Madagascar

PAR LES PORTUGAIS

(PENDANT LE XVI⁰ SIÈCLE)

PAR

Alfred GRANDIDIER, *Membre de l'Institut*

(Extrait de la REVUE DE MADAGASCAR du 10 Janvier 1902)

PARIS

IMPRIMERIE TYPOGRAPHIQUE ET LITHOGRAPHIQUE

C. LAMY

124, Boulevard de la Chapelle, 124

1902

HISTOIRE

DE LA

Découverte de l'Ile de Madagascar

PAR LES PORTUGAIS

(PENDANT LE XVIᵉ SIÈCLE)

PAR

Alfred GRANDIDIER, *Membre de l'Institut*

(Extrait de la REVUE DE MADAGASCAR du 10 Janvier 1902)

PARIS

IMPRIMERIE TYPOGRAPHIQUE ET LITHOGRAPHIQUE

C. LAMY

124, Boulevard de la Chapelle, 124

1902

HISTOIRE

DE LA

DÉCOUVERTE DE L'ILE DE MADAGASCAR

PAR LES PORTUGAIS

(PENDANT LE XVIe SIÈCLE),

par ALFRED GRANDIDIER, *membre de l'Institut.*

Les Chaldéens, les Juifs et les Arabes ont, dès l'antiquité la plus reculée, fréquenté dans un but de commerce la côte orientale d'Afrique aussi loin au moins que Sofala, et il est certain que l'archipel des Comores et l'île de Madagascar ont aussi dès les temps les plus anciens reçu la visite de leurs navires. Au commencement de l'ère chrétienne et au moyen âge, des voyageurs grecs et arabes ont abordé ces îles, dont ils nous ont donné de courtes descriptions ; mais, en réalité, ce sont les Portugais qui nous en ont révélé l'existence (1).

I. — Pierre de Covillan, que le roi Dom Juan a envoyé en Orient, à la fin du XVe siècle, pour s'enquérir des pays producteurs d'épices, eut connaissance à Sofala d'une grande île « qui   it fort riche et spacieuse, contenant plus de 900 milles de côtes, laquelle ils nommaient La Lune (2) » et il s'empressa

---

(1) De 1500 à 1550, les Portugais ont envoyé aux Indes 507 navires (dont 30 dans la seule année de 1505) et 268, de 1551 à 1600.

(2) Les habitants du Sud-Est de l'Afrique donnent aux îles situées

d'en donner avis au Roi de Portugal (1). Mais le premier Européen qui a vu Madagascar est Diogo Diaz, l'un des capitaines de la flotte de Pedralvarez Cabral (2); séparé de ses compagnons, le 23 mai 1500, par une tempête dans les parages du Cap de Bonne-Espérance, il longea la côte orientale de cette île à laquelle il donna le nom de Saint-Laurent, parce que c'est le 10 août, jour de la fête de ce saint, qu'elle lui apparut pour la première fois; il avait d'abord cru suivre la côte d'Afrique, mais il reconnut que c'était une île lorsqu'il en eut doublé la pointe Nord. Il jeta l'ancre dans un port bien abrité et, ne voyant sur la plage âme qui vive, il envoya à la découverte un de ces condamnés que le Roi de Portugal faisait mettre à bord des navires pour être jetés à l'aventure sur les terres inconnues et qui, en récompense de leurs services, pouvaient obtenir leur grâce. Cet émissaire entra dans la brousse et il y trouva quelques paillottes habitées par des noirs tout nus avec lesquels il communiqua par signes et dont quelques-uns l'accompagnèrent à bord pour y vendre des poules, des ignames et des fruits sauvages en échange de couteaux, de miroirs, de verroteries, etc. Les Portugais restèrent assez longtemps dans ce port, mais, plusieurs d'entre eux étant morts de la fièvre, ils mirent à la voile et, faisant route vers l'Ouest, ils allèrent atterrir au Nord de Malindi (3).

II. — En août 1503, Alfonso de Albuquerque a passé dans l'Est de Madagascar, en se rendant du Cap de Bonne-Espérance dans l'Inde (4), et, un peu plus tard, la même année,

auprès de leur continent, si remarquables par le volcan de Ngazidya ou de la Grande Comore, le nom de Komoro qui ne vient pas du mot arabe *El-Kamar* ou la Lune, comme l'ont admis tous les auteurs et géographes, mais des deux mots *Ko-Moro* qui, dans la langue des indigènes du Mozambique comme dans celle des Comoriens, signifient la *Terre de feu* (litt.: Là où il y a du feu). Voir *Hist. de la Géogr. de Madag.*, par A. Grandidier, 1892, note 3 de la p. 15 et note *a* de la p. 38.

(1) Jean Temporal, *De l'Afrique*, t. III, 1830, p. 419-424.

(2) Cette flotte qui suivait de près Vasco de Gama se rendait dans les Indes. Voir *Bull. Comité Madag.*, 1898, p. 531.

(3) Gaspar Correa, *As lendas da India*, t. I, p. 153.

(4) Correa, *As lendas da India*, t. I, p. 386.

Diego Fernandes Peteira qui commandait un des navires de la flotte d'Antonio de Saldanha a suivi toute la côte orientale de cette île, prenant les précautions les plus grandes pendant cette navigation et mouillant l'ancre chaque soir. Comme son équipage était décimé par la maladie et que l'eau manquait, il se décida à passer l'hivernage dans une baie où il y avait de la bonne eau et du poisson en abondance et où il demeura jusqu'au mois d'août 1504, attendant les vents favorables pour aller à Cochin (1).

III. — L'amiral Fernan Soarez, rentrant de Cochin au Portugal en 1506, trouva des vents contraires dans l'Océan Indien et fit une route différente de celle qu'on avait coutume de suivre. Il aperçut la terre de Madagascar le 1er février et le 7, comme il longeait la côte en mer calme, il vit venir dix pirogues montées par des nègres armés de sagayes, de boucliers, d'arcs et de flèches ; l'une d'elles accosta son vaisseau et les vingt-cinq hommes qu'elle portait montèrent à bord : on leur donna des étoffes et des vivres. Ils s'en allèrent si rapidement qu'on n'en put saisir aucun, et, en s'éloignant, ils tirèrent sur les Portugais qui mirent aussitôt le feu à leurs canons, mais sans réussir à les atteindre. Le capitaine d'un des deux navires qui accompagnaient l'amiral, ayant connaissance de ce que les nègres avaient fait à Fernan Soarez, fit sauter à l'improviste plusieurs matelots dans les pirogues qui entouraient son navire ; les indigènes, effrayés, se jetèrent à la mer et tentèrent de s'enfuir, mais les Portugais s'emparèrent de vingt et un d'entre eux et er blessèrent quelques autres.

L'amiral continua de suivre la côte sur laquelle s'étageaient de hautes montagnes. Arrivé à une pointe de terre où débouchait une grande rivière, il s'y arrêta pendant quatre jours pour faire de l'eau ; un matin, les matelots en débarquant furent assaillis par des nègres qui leur lancèrent une grêle de flèches et qui blessèrent l'un d'eux, mais l'artillerie des

(1) Correa, *As lendas da India*, p. 418.

navires en eut promptement raison. Il continua à longer la côte, qu'il croyait être celle de l'Afrique, puisqu'il la suivait depuis dix-sept jours. Pendant tout ce temps, il se leva, au coucher du soleil, une forte brise accompagnée d'averses et d'orages qui durèrent toute la nuit, si bien qu'une fois même les navires firent 30 lieues sans voiles; le 18 février, en vue de Fort-Dauphin, le tonnerre tomba sur le vaisseau amiral sans faire grand mal. Le lendemain, ils atteignirent le Cap Sud de cette terre après l'avoir, d'après les pilotes, suivie sur une longueur de 189 lieues ; c'est alors seulement que Fernan Soarez connut que c'était l'île de Madagascar qu'il avait ainsi côtoyée pendant si longtemps. Il emmena à Lisbonne, où il arriva le 23 mai 1506, les Malgaches qu'il avait appréhendés et qui sont les premiers qui ont été amenés en Europe (1).

IV. — Manoel Telez de Meneces et Alvaro Telez, qui commandaient deux des navires de la flotte de Tristan da Cunha, longèrent en 1506 la côte orientale de Madagascar; le premier s'en fut ensuite retrouver à Mozambique Tristan da Cunha qui y hivernait; il lui dit qu'il y avait en cette île beaucoup de gingembre, de clous de girofle et d'argent (2).

V. — Jean Rodrigues Pereira, l'un des capitaines de la flotte de Tristan da Cunha, ayant été séparé, comme les deux précédents, des autres navires pendant une tempête, atterrit à Matitanana, sur la côte Sud-Est de Madagascar, où il prit des informations sur les productions du pays ; il s'empara de deux indigènes, qui avaient aux bras des manilles d'argent qu'il emmena à Mozambique. L'amiral apprenant par ces indigènes qu'il y avait dans leur pays du gingembre, du girofle, des épices diverses, de la cire et même de l'argent, se résolut, au lieu d'attendre à Mozambique l'époque favorable pour aller dans l'Inde, c'est-à-dire l'établissement de la mousson S.-O, à partir à la découverte de ces richesses et,

(1) Castanheda, *Hist. descubrim. de India*, t. II (édit. de 1833), p. 72.
(2) Antonio Galvão, *Tratado dos descubrimientos*, 1641, p. 40.

au commencement de décembre 1506, il fit voile pour Madagascar avec huit navires, le sien et ceux de Jean Gomes d'Abreu, de Jean Rodrigues Pereira da Coutinho, de Job Queimado, d'Antonio de Campo, de Manoel Telez, de Fr. de Tavora, de Tristan Alvarez et d'Alfonso de Albuquerque, emmenant avec lui un musulman de Mozambique, nommé Bogima, qui connaissait cette île et qui en parlait la langue.

Les Portugais touchèrent d'abord à la baie de Boina (1), où il y avait une grande ville arabe ; Bogima qui était descendu à terre pour préparer les voies à l'amiral, fut maltraité par ses compatriotes qui lui reprochèrent d'amener des chrétiens dans le pays et il ne dut son salut qu'à ce que, voyant du bord le péril où il était, on tira des coups de fusil qui forcèrent les assaillants à quitter la plage : les Portugais poursuivirent les habitants dans la brousse et en tuèrent plusieurs ; ils amenèrent, à bord, quelques femmes qui furent ensuite relâchées.

Tristan da Cunha fit mettre le feu à la ville, puis, longeant la côte, il arriva à Nosy Manja, îlot situé à l'entrée de la baie de Mahajamba : cet îlot, où résidait le roi du pays et qui n'était qu'à une portée d'arbalète de la terre ferme, était très peuplé ; il y avait une belle mosquée et beaucoup de maisons étaient en pierres. Voyant que ses habitants quittaient la ville, l'amiral fit placer deux chaloupes à l'entrée du chenal avec l'ordre de couper la route à ceux qui tenteraient de gagner la terre ferme, puis il embossa ses navires devant la ville même et fit débarquer les équipages. Quand les Arabes virent ces préparatifs, ils furent pris d'une terreur panique, et la plupart, ne prenant pas garde aux chaloupes qui commandaient le chenal, s'entassèrent pêle-mêle dans des pirogues qui, étant trop chargées, coulèrent ; en très peu de temps, la mer fut couverte de plus de deux cents cadavres d'hommes, de femmes et d'enfants. Les Portugais, en mettant

(1) Ils donnèrent à cette baie le nom de Dona Maria da Cunha, dame d'honneur de la Reine et fiancée au fils de l'amiral. Quelques-uns cependant l'appelèrent Baie Marie de la Conception parce qu'ils y étaient arrivés le 8 décembre, jour où l'Eglise célèbre cette fête de la Sainte-Vierge.

pied à terre, trouvèrent sur la plage beaucoup d'Arabes armés de sagayes et de boucliers, qui voulaient s'opposer à leur débarquement, mais qui ne tardèrent pas à prendre la fuite, et qu'ils poursuivirent, mettant la ville à sac et s'emparant de beaucoup d'or, d'argent et d'étoffes ; car c'est dans ce port de Langany (Nosy Manja) que les boutres de Malindi et de Mombaz viennent échanger les marchandises de l'Afrique, de l'Arabie et de l'Inde contre des esclaves et du riz. Ils firent plus de cinq cents prisonniers, parmi lesquels il y avait à peine une vingtaine d'hommes ; tous les autres étaient des femmes et des enfants. Les Portugais passèrent la nuit à festoyer. Le lendemain matin, ils virent venir un grand nombre de pirogues où il y avait environ six cents Maures qui demandèrent en grâce qu'on leur rendît leurs femmes et leurs enfants, ce à quoi consentit Tristan da Cunha à condition qu'ils lui donneraient quelques bœufs et des vivres frais, ainsi que des renseignements sur les productions naturelles du pays. Ils lui apportèrent 50 vaches, 20 chèvres, du riz et du maïs en abondance et diverses espèces de fruits, et ils lui dirent que tous les habitants de l'île étaient des nègres et qu'il n'y avait de villes arabes que sur la côte, mais que dans aucune les maisons n'étaient aussi belles que dans la leur, ajoutant que le pays produisait un peu de gingembre, mais pas en assez grande quantité pour en charger des navires, et qu'on n'y trouvait ni girofle, ni argent, que toutefois on leur avait dit que dans le Sud-Est les habitants portaient des manilles de ce métal. Ces renseignements ne satisfirent pas Tristan da Cunha, qui du reste ne les crut pas exacts.

Il partit le lendemain pour la baie d'Anorontsanga et arriva en plein jour devant la ville de Sada. La population de cette baie était principalement composée d'esclaves africains ou de Cafres qui avaient fui les villes de Malindi, de Mombaz et de Mogdicho ; près de deux mille, armés de boucliers, de sagayes, d'arcs et de flèches, se massèrent sur la plage, avec l'intention de s'opposer au débarquement des Portugais, mais quelques coups de canon leur firent prendre la fuite et leur ville, qui n'était composée que de paillottes et de huttes, flamba de telle sorte que toute la montagne sembla être en feu.

De la baie d'Anorontsanga, Tristan vogua vers le Nord, tout du long de la côte, naviguant de jour et jetant l'ancre la nuit. Le 25 décembre, il atteignit le Cap d'Ambre (1), que les vents et les courants qui étaient contraires l'empêchèrent de doubler. Il se décida alors à se séparer d'Alfonso de Albuquerque qui retourna à Mozambique avec quatre navires, et il fit voile avec les quatre autres vers le Sud, pensant pouvoir de ce côté arriver plus facilement au port de Matitanana, où il espérait trouver les clous de girofle, le gingembre et l'argent dont on lui avait parlé. Le navire commandé par Ruy Pereira, qui suivait la terre de près et qui était en avant des autres, échoua pendant la nuit sur un des nombreux îlots qui sont semés tout le long de cette côte Nord; aux cris poussés par les naufragés, Tristan da Cunha, comprenant qu'il y avait là des écueils, changea de suite de route et, lorsque le lendemain matin il ne vit plus ni le navire de Pereira, ni celui de Jean Gomes d'Abreu qu'il crut par conséquent perdu, quoiqu'il n'en fût rien, comme nous le verrons plus loin, il s'en alla droit à Mozambique, ne voulant plus continuer à naviguer dans des parages aussi dangereux.

L'équipage du navire de Ruy Pereira procéda au sauvetage des objets les plus précieux, notamment du coffre où était renfermé l'argent destiné à l'achat des épices et des denrées coloniales; le maître, le pilote et treize matelots s'embarquèrent ensuite dans une chaloupe et gagnèrent Mozambique où ils trouvèrent Tristan da Cunha qui les renvoya à bord de son navire, sous le commandement de Juan da Vega, pour lui rapporter les objets sauvés du naufrage.

Avant de quitter Mozambique pour l'Inde, l'amiral mit à bord du *Sancta Maria*, qui retournait en Europe sous les ordres d'Antonio de Saldanha, les deux Malgaches de Matitanana que Ruy Pereira lui avait amenés et qui furent présentés au Roi de Portugal, auquel on remit en même temps la

(1) Il donna à ce cap le nom de Cap Natal, parce qu'il le vit le jour de Noël.

lettre où l'Amiral lui donnait avis des renseignements qu'il avait recueillis sur la grande île de Madagascar.

Quant à Jean Gomes d'Abreu, il avait réussi à doubler le Cap d'Ambre et, après avoir longé la côte orientale de l'île, il jeta l'ancre à l'embouchure du Matitanana et y attendit l'Amiral dont il ignorait les décisions. De nombreuses pirogues entourèrent de suite le navire, apportant du poisson et des cannes à sucre ; le maître, qui parlait plusieurs langues et, entre autres, l'arabe, descendit dans l'une d'elles pour décider quelques-uns des indigènes à monter à bord, mais elles partirent toutes aussitôt et l'emmenèrent à terre. Abreu s'embarqua de suite avec 24 hommes dans une chaloupe qu'il arma de pierriers et se mit à leur poursuite ; il n'était plus qu'à une demi-lieue de la côte, lorsqu'il vit revenir les pirogues avec le maître vêtu d'un pagne de coton à la mode du pays et portant des manilles aux poignets, des bagues aux doigts et au cou une grosse chaîne à laquelle étaient attachées trente cruzades, le tout en argent ; c'étaient les cadeaux que le roi du pays lui avait faits. En l'emmenant, les Malgaches n'avaient eu d'autre but que de montrer un Blanc à leur roi. Abreu se décida alors à aller à terre et entra dans la rivière, mais, une tempête s'étant soudain élevée, il lui fut, pendant quatre jours, impossible de franchir la barre de l'embouchure. Pendant ce temps, l'équipage du navire qui craignait d'être jeté à la côte, mit à la voile et gagna l'Afrique, abandonnant Jean Gomes d'Abreu qui mourut peu après de chagrin dans la maison du roi du lieu qui lui avait donné une bonne hospitalité ; des 24 matelots qui l'avaient accompagné, 8 moururent de maladie et 13 se résolurent à gagner Mozambique avec la chaloupe, préférant mourir en mer plutôt qu'à terre comme leurs compagnons. Après l'avoir consolidée, y avoir entassé des provisions et avoir rempli d'eau plusieurs gros bambous, ils partirent, laissant à Matitanana trois des leurs ; ils longèrent la côte orientale, doublèrent le Cap d'Ambre et s'arrêtèrent dans une des baies du N. O. pour faire de l'eau ; ils y furent assaillis à coups de sagayes et de pierres par les indigènes et plusieurs furent blessés. De là, ils traversèrent le canal de Mozambique et furent recueillis aux îles d'Angoxa par Lucas de Fonseca qui les conduisit dans sa caravelle à Mozambique d'où ils gagnèrent Goa (1).

VI. — Vasco Gomes d'Abreu quitta Sofala avec 4 navires en 1507 dans le but d'aller chercher à Madagascar les épices (clous de girofle et gingembre) qu'on disait y exister en quantité et qu'il désirait être le premier à découvrir. On n'a jamais plus entendu parler de ces navires qui ont certainement péri corps et biens dans un cyclone (2).

VII. — A la fin de sa lettre au pape Jules II (*Epistola Serenissima Regis Portugalensium ad Julium Papam secundum de victoriâ contra Infideles habitâ*), en date du 25 septembre 1507, le Roi de Portugal lui annonce la découverte d'une grande île qui ne le cède pas à Ceylan (Taprobane) et qu'habitent des Sarrasins, île située sur la côte orientale d'Afrique et ayant une longueur de 1 million de pas (3).

VIII. — Le Roi Dom Manoel ayant connaissance par Antonio de Saldanha et par les deux Malgaches qu'il avait amenés des richesses qui existaient à Madagascar, chargea Diogo Lopez de Sequeira d'aller explorer cette île.

Ce capitaine partit de Lisbonne en 1508 et, après avoir doublé le Cap de Bonne-Espérance, il rencontra aux Dunes d'or (Medâos de Ouro) Duarte de Lemos ; tous deux partirent pour Madagascar où, poussés par une tempête, ils se réfugièrent dans la baie de Ranofotsy (qu'ils nommèrent Baie de Saint-Sébastien) ; ils y trouvèrent deux des trois mousses qui avaient été abandonnés l'année précédente à Matitanana avec Jean Gomes d'Abreu et qui, à cette époque.

(1) Correa, *As lendas da India*, t. I. p. 662 et p. 665-668. — *Commentarios do Albuquerque*, 1557 (édit. 1776), parte 1. ch. VIII. IX et X, p. 33-43. — Barros, *Da Asia portug.* (édit. 1778), Dec. II, liv. I, chap. I, p. 7-18, et ch. VI, p. 87-88. — Castanheda, *Hist. descubrim. portug.*, 1552 (édit. 1833), t. II, ch. XXX et XXXI, p. 101 et suivantes. — Faria y Sousa. *Asia portug.*, t. I, p. 95. — Osorius, *Vida de Dom Manoel*, t. II, liv. V, p. 21-26.

(2) Correa, *As lendas da India*, t. I. p. 784, et Barros, *Asia portug.* Déc. II. liv. I, chap. VI, p. 89.

(3) Abrantes, in-4°.

restaient seuls des vingt-six matelots venus avec lui. Duarte
de Lemos mit à la voile pour Mozambique et Diogo Lopez
longea la côte Sud et atterrit à Fort-Dauphin qu'habitaient
les descendants des matelots d'un navire du Goudjerat qui
s'y était perdu jadis ; il y rencontra le troisième mousse
du navire d'Abreu; ce jeune homme, nommé Antonio, savait
la langue du pays, et il servit aux Portugais d'interprète avec
le Roi Andriamoma, mais ils n'obtinrent aucun renseignement satisfaisant au sujet du girofle, du gingembre et de
l'argent. Diogo Lopez et Jeronimo Teixeira, qui était venu y
mouiller de son côté, ravitaillèrent leur navire et firent voile
vers le Nord. Le 12 août, jour de la Sainte-Claire, Diogo
Lopez arriva à une île proche de terre, très peuplée, à laquelle
il donna le nom de cette sainte et où il prit encore des
vivres (1) ; poursuivant son voyage d'exploration avec beaucoup de précaution à cause des nombreux îlots et hauts-
fonds qui sont semés le long de cette côte, il arriva au
royaume de Matitanana, où il espérait acheter du girofle et
du gingembre; il y fut bien accueilli, mais n'y trouva rien. Il
apprit que les clous de girofle qu'on y avait vus et qui avaient
induit en erreur Jean Rodrigues Pereira, provenaient d'une
jonque de Java qui, ayant perdu sa route à la suite d'une tempête, avait été jetée sur cette côte, et dont la cargaison avait
été éparpillée sur la plage ; il faut ajouter que les indigènes,
voyant le prix que les Arabes qui faisaient le commerce avec
eux attachaient à ces fleurs, recueillirent de petites baies dont
la saveur rappelait celle du girofle et les apportèrent à la
côte pour tâcher de les leur vendre. Il y avait du gingembre,
mais pas en assez grande quantité pour en charger un navire,
car les gens du pays ne le cultivaient pas en grand; ils en
plantaient seulement quelques pieds pour les Arabes qui
aiment cette épice. Quelques indigènes de l'intérieur portaient des manilles d'argent, mais d'un argent très impur
dont ils ignoraient la provenance.

Deux matelots que Diogo Lopez avait envoyés de la baie

(1) Cette île est une de celles que l'on nomme aujourd'hui « îles de
Sainte-Luce ».

Sainte-Claire (Sainte-Luce) à la découverte, arrivèrent à Matitanana après avoir parcouru une cinquantaine de lieues, sans avoir trouvé autre chose que quelques pieds de gingembre marron ; ils avaient rencontré deux Indiens de Cambaye qui étaient les seuls survivants d'un navire qui, se rendant de l'Inde à Sofala, s'était perdu dans ces parages 30 ans auparavant (vers 1480).

Voyant qu'il n'obtenait aucun bon résultat, Diogo Lopes quitta Matitanana et, après avoir visité une grande baie où débouchent trois rivières et qu'il nomma Baie de Saint-Sébastien, parce qu'il la découvrit le 20 janvier 1509, il mit le cap sur l'Inde.

IX. — Sur l'ordre du Roi Dom Emmanuel, l'amiral Juan Serrano partit en 1510 avec trois navires pour explorer l'île de Madagascar ; il établit un comptoir à Taolanara, notre Fort-Dauphin actuel, comptoir qui ne prit pas d'importance, puis il alla de port en port sans plus de succès que ses devanciers, si bien qu'il se décida à gagner l'Inde où il arriva en 1511 au commencement de la belle saison (2).

X. — Deux navires, l'un sous les ordres de Luiz Figueira, l'autre sous ceux de Pedreanes, partirent du Portugal par ordre du Roi Dom Manoel le 11 juin 1514 pour aller explorer l'île de Madagascar et y installer une factorerie à Matitanana, où il y avait une ville populeuse et quelques Arabes de Malindi. Figueira y construisit un fortin où il séjourna six mois dans l'attente de la récolte de gingembre dont les indigènes lui promettaient une grande abondance, mais ceux-ci finirent par l'attaquer dans l'intention de lui prendre ses marchandises, ce qui le décida à se rendre à Mozambique, où il retrouva Pedreanes qui avait découvert plusieurs ports sur la côte orientale, notamment la baie de San Antonio (3) (Anton-

(1) Barros, Dec. II, liv. IV, chap. III, p. 391-395; Castanheda, *Hist. descubrim.*, t. II, 1552, ch. CVI, p. 341.

(2) P. Lafitau, *Hist. décou. Portugaises.*, t. I, 1733, p. 398 et p. 416; H. Major, *Life of Prince Henry of Portugal*, p. 418.

(3) Pedreanes a donné le nom de San Antonio à cette baie parce que c'était celui de son navire.

gil) et, plus au Nord, celle de Vohémar (1) où il avait acheté beaucoup de copal (2).

XI. — Le Roi de Portugal envoya en 1515 une flotte sous le commandement de Bastian da Sousa afin d'établir des relations commerciales avec Madagascar et la côte orientale d'Afrique, mais le navire qui portait le chef de traite se perdit corps et biens et Sousa s'en fut à Mozambique où il hiverna, puis il partit pour l'Inde sans avoir rien fait (3). Il fut renvoyé en 1521 dans ces parages à la tête de deux navires; le roi Dom Manoel lui avait adjoint comme chef des traites Henrique Pereira et lui avait donné ordre de construire un fort à Matitanana pour y acheter le gingembre qu'on disait exister dans ce pays, et aussi parce que, la route pour aller aux Indes étant moins dangereuse par l'Est de Madagascar que par le canal de Mozambique, il était utile d'établir un point de relâche où les navires pussent se ravitailler et prendre de l'eau. Une tempête sépara les deux navires au Cap de Bonne-Espérance et, quand Bastian da Sousa eut attendu en vain pendant quelques jours, en rade de Matitanana, l'autre navire à bord duquel se trouvaient tous les matériaux nécessaires à la construction du fort et les hommes qui y devaient demeurer, il s'en alla à Mozambique dans l'espoir de l'y rencontrer. Il ne l'y trouva point, et, comme la saison était avancée, il y hiverna; lorsque vint la mousson, il mit à la voile pour l'Inde en 1522 afin de demander au vice-roi les moyens de construire le fort. Comme il approchait de Goa, il rencontra le navire qu'il avait si longtemps attendu et qui lui-même était à sa recherche; il apprit alors qu'Henrique Pereira était arrivé sur la rade de Matitanana dix jours après son départ et qu'en apprenant cette nouvelle, il s'était décidé à passer l'hivernage dans une des baies de Madagascar. La saison étant propice, il venait aux informations dans l'Inde. Ils mouillèrent tous deux à Goa le 20 août

(1) Les anciens navigateurs et cartographes portugais écrivent ce nom *Bemaro*.

(2) Barros, Dec. III, liv. I, ch. 1, p. 5 et 6.

(3) Correa, *As lendas da India*, t. II, p. 464.

1522. Quelques jours après, arriva la nouvelle de la mort du roi Dom Manoel et l'ordre de son successeur, le roi Dom Juan III, de suspendre toute construction de forteresses. Bastian da Sousa fut alors relevé de sa mission à Madagascar et envoyé à l'île Banda pour y prendre une cargaison d'épices (1).

XII. — Sur les cinq navires partis du Portugal pour l'Inde en 1527, deux échouèrent sur des hauts-fonds de la côte Sud-Ouest (auprès de la baie de Tsingilofilo ou Morombé), celui de l'amiral Manoel de La Cerda et celui d'Alexis de Abreu ; les équipages se sauvèrent à terre et élevèrent des murs de pisé autour de leur camp où ils amassèrent les armes et les objets qu'ils avaient sauvés du naufrage. Ils vécurent misérablement en ce lieu pendant une année, s'alimentant difficilement avec les vivres qu'ils achetaient aux indigènes à l'aide de marchandises diverses et attendant anxieusement que quelque bateau vînt les recueillir ; au bout de ce temps, l'un des navires de la flotte de Nuno da Cunha, que commandait Antonio de Saldanha, passa un soir en vue de terre ; les naufragés allumèrent aussitôt de grands feux qu'ils disposèrent en forme de croix, afin de bien montrer qu'il y avait sur cette côte, en plein pays sauvage, des chrétiens ; à la vue de ces feux, Saldanha mit en panne et attendit le jour ; il se rapprocha un peu de terre, sans toutefois oser atterrir, à cause des écueils et des hauts-fonds dont cette mer est semée. Pendant huit jours, s'éloignant de terre la nuit, s'en rapprochant le jour, il croisa dans ces parages, attendant que quelque embarcation vînt lui apprendre quelles étaient les gens qui lui faisaient ces signaux ; ne voyant rien venir, et une violente tempête s'étant élevée tout d'un coup, il largua les voiles et continua son voyage. Les naufragés, voyant leur espoir déçu, se résolurent alors à passer de l'autre côté de l'île, où ils étaient assurés d'avoir une plus grande abondance de vivres et où ils

____

(1) Correa, *As lendas da India*, t. II, p. 674 ; Barros, Dec. III, liv. VII, ch. I, p. 107 et 108, et liv. VIII, ch. IV, p. 269-270 : Castanheda, 1553 t. V, ch. LXXIX, p. 290 et 291.

pensaient devoir trouver quelque moyen de gagner Mozambique (1). Ils se partagèrent en deux troupes d'environ trois cents personnes chacune et pénétrèrent dans l'intérieur, abandonnant sur la côte un malade que Nuno da Cunha recueillit un mois et demi après (2).

Le roi Dom Juan, instruit de ce malheureux événement, envoya en 1530 les deux frères Duarte et Diogo da Fonseca à la recherche de ces naufragés. Le premier étant entré dans une grande baie de l'Est (baie de Sainte-Luce ?), se noya avec dix matelots en se rendant à terre à bord de sa chaloupe qu'une lame de fond fit chavirer. Le second, en longeant cette même côte (en 1531), aperçut de grandes colonnes de fumée qui attirèrent son attention et il envoya une embarcation s'enquérir s'il n'y avait pas en ce lieu quelques naufragés ; en effet, on y trouva quatre Portugais, trois matelots du navire de Manuel de La Cerda et un de celui d'Alexis de Abreu, et un Français abandonné par un navire de Dieppe qui s'était arrêté dans ce port quatre années auparavant. Il y avait beaucoup d'autres Portugais dans l'intérieur du pays, mais épars çà et là, si bien que Diogo da Fonsecar renonça à aller les chercher et, emmenant seulement les quatre qu'il avait recueillis sur la côte, il se rendit à Mozambique d'où il partit pour l'Inde en avril 1531 (3).

XIII. — Pero Vaz o Roxo et Pere Annes Francès, qui allaient porter les ordres du Roi de Portugal au gouverneur de l'Inde en 1527, atterrirent à la côte Sud-Est de Madagascar, contrairement aux instructions qu'ils avaient reçues, dans le but de s'y livrer au pillage et au brigandage ; ils s'y perdirent tous les deux (4).

Il est assez probable que les Portugais qui se sont établis

(1) A cette époque, les ports du Sud-Est, surtout celui de Matitanana, étaient ceux dont les Portugais parlaient le plus et où ils pouvaient penser avoir le plus de chances de rencontrer des navires européens.

(2) Voir § xiv. — Correa, t. III, p. 182-183; Diogo do Couto, Dec. IV, liv. III, ch. V, p. 206-207.

(3) Barros, Dec. IV, liv. III, ch. II, p. 258; Correa, t. II, p. 385; d'Andrada, 2ª parte, ch. LXIV, p. 89.

(4) Correa, t. III, p. 225.

dans la province d'Anosy, où ils ont construit un fort en pierres et dressé un stèle sur l'îlot de Fanjahira, au milieu de la rivière de ce nom, à cinq lieues dans l'E.-N.-E. de Ranofotsy, sont des naufragés de ces navires, auxquels se sont peut-être joints quelques-uns de ceux du navire de l'amiral de La Cerda venus de la côte Ouest à travers terre. Les ruines de ce fort en pierres, *Tranovato* comme l'appelaient les Malgaches (1), ont été visitées par le P. Luiz Mariano en 1613 (2) et, vers 1650, par Flacourt (3) et par le P. Nacquart (4). Il y avait avec ces colons plusieurs moines; leur chef était connu sous le nom de *Macinorbé* (par corruption de Monsenhorbe ou Grand Monseigneur). Ces étrangers excitèrent l'envie des indigènes qui résolurent de s'en débarrasser pour les piller. Ayant à inaugurer la maison nouvellement bâtie d'un de leurs Andriana ou chefs, ce qui est chez eux l'occasion d'une fête nommée *Misanasana* (ou ouverture d'une maison), ils y invitèrent t us les Portugais, leur demandant d'apporter avec eux leurs plus belles marchandises, et ils les massacrèrent tous à l'exception de cinq d'entre eux qui, avec l'aide d'une trentaine de leurs esclaves, réussirent à gagner le fort d'où les emmena, en 1548 (?), un navire se rendant dans l'Inde (5).

(1) Les ruines de cette maison ou tour carrée avaient en 1613 deux brasses de haut et six brasses de côté; les murs en pierres et chaux, d'une épaisseur de six empans, étaient percées de deux portes, l'une à l'Est, l'autre à l'Ouest, et avaient en haut seize créneaux et huit barbacanes; au pied de la colline, s'élevait, à côté d'une grande croix tombée à terre, une plaque de marbre, haute d'une brasse, large de deux empans et épaisse d'un, dont l'une des faces portait les armes du Portugal surmontant l'inscription suivante : REX PORTUGALENSIS, et l'autre une croix. Il est possible que la plaque de marbre fût à la tête et la croix au pied de la tombe du capitaine naufragé. En novembre 1653, Flacourt a fait transporter cette plaque de marbre blanc de l'ISLET DES PORTUGAIS dans son jardin de Fort-Dauphin et il en a donné la figure dans son *Histoire*, p. 360; il donne la date de 1545 (?).

(2) Exploraçao portugueza de Madagascar em 1613, *Boletim da Soc. de Geogr. de Lisboa*, 1887, p. 337 et traduction française par A. Grandidier, *Bull. Comité Madag.*, 1898, p. 589.

(3) *Histoire de Madagascar*, 1658, p. 32.

(4) *Mém. Congrég. Mission des Lazaristes*, t. IX, 1866, p. 22.

(5) João dos Santos.

Vers 1600, des Hollandais, venant de Java avec une cargaisons d'épices, se sont perdus sur la côte Sud-Est. Ils ont trouvé à Manafiafy (Sainte-Luce) des métis portugais qui étaient des descendants des matelots des navires de Pere Vaz o Roxo et de Pere Annes Francès. Voici, en effet, ce que raconte Barros : « Pendant que ces Hollandais étaient occupés à couper des arbres pour construire une embarcation afin de se rendre à Bantam, ils furent abordés par des indigènes qui les embrassèrent et leur dirent en portugais qu'ils étaient les petits-fils de naufragés portugais dont le navire s'était perdu sur cette côte et qui s'étaient sauvés à terre; tous avaient pris femme dans le pays et avaient eu de nombreux enfants dont ils descendaient, quoique rien n'eût pu le faire supposer dans leur aspect physique ni dans leur habillement. Ils venaient s'informer s'il n'y avait pas parmi eux quelques *Pères*, et ils furent fort déçus lorsqu'ils apprirent qu'ils n'avaient pas à faire à des Portugais, car ils avaient l'envie de s'instruire à la manière de leurs ancêtres. Lorsque ces Hollandais eurent construit leur bateau et furent arrivés à Bantam, ils firent part de la demande de ces pauvres gens à un frère augustin portugais qui s'empressa d'en aviser Frei Aleixo de Menezes, alors archevêque de Goa et gouverneur de l'Inde » (1).

XIV. — Le 18 avril 1528, Nuno da Cunha partit de Lisbonne avec 2.500 hommes et 11 navires pour aller prendre le gouvernement de l'Inde. Il doubla le Cap en juillet, où une tempête disloqua sa flotte. Arrivé en vue de la côte Sud de Madagascar, il voulut prendre de l'eau au Cap Sainte-Marie, mais les vents ne lui permirent pas d'y aborder, et il s'en alla avec les deux navires qui ne l'avaient pas quitté, celui de son frère Pero Vaz da Cunha et celui de Dom Fernando de Lima, à la baie de San-Iago (c'est-à-dire de Tsingilofilo ou Morombé), car il n'y avait plus à bord des trois bateaux, pour 1.144 personnes, que 60 pipes d'eau. A trois lieues de ce port, il se jeta sur des hauts-fonds où l'année d'avant avaient échoué

(1) Barros, Dec. IV, liv. III, ch. II, p. 263.

Manoel de La Cerda et Alexis de Abreu; il put heureusement s'en sortir sans dommages et aller mouiller dans la baie même. Cette baie ou plutôt ce golfe a une entrée fort large et s'avance loin dans les terres ; il est entouré de hautes falaises qui ne présentent qu'une seule coupée par laquelle se déverse dans la mer une rivière que de grands bateaux peuvent remonter assez loin et qui est formée de deux affluents qui se réunissent à une petite distance de la côte.

Quand Nuno da Cunha eut jeté l'ancre, beaucoup de Malgaches vinrent de l'intérieur, apportant des moutons, des volailles, des haricots et autres vivres qu'ils échangèrent contre des morceaux de fer et divers objets de peu de valeur. Deux jours après, ils lui amenèrent un Portugais, tout dépenaillé, ancien domestique du comte de Linarès, qui était venu à bord du navire d'Alexis de Abreu et qui, tout heureux de se trouver avec des compatriotes, raconta que, comme il a été dit au § XII, Manoel de La Cerda et Alexis de Abreu, ayant mis de nuit leurs navires sur un haut-fond, avaient gagné la terre sur des radeaux avec quelques marchandises de troc: que les deux équipages s'étaient séparés, l'un, celui de l'amiral, allant dans l'intérieur, l'autre, celui d'Alexis de Abreu, traversant l'île à la recherche d'un port où il pourrait trouver quelque navire pour gagner Mozambique; que lui, étant malade et trop faible pour suivre ses compatriotes, était resté seul sur la côte, où les indigènes l'avaient tourmenté tant qu'il avait eu quelques objets qui leur faisaient envie, mais qui avaient été, au contraire, serviables et hospitaliers quand il avait été dénué de tout et nu comme eux.

Nuno da Cunha envoya plusieurs personnes notables, accompagnées de quelques soldats, à un village d'indigènes qui se trouvait à une petite distance de la côte, afin de s'enquérir des productions du pays et de sa fertilité ; ces personnes revinrent satisfaites de l'aspect de la terre et des indigènes qui s'étaient montrés à leur égard fort doux et hospitaliers et qui leur avaient vendu des vivres, mais dont ils n'avaient pu tirer aucun renseignement au sujet des épices et des métaux précieux dont ils leur avaient montré des échantillons. Pendant ce temps, l'équipage faisait sa provision d'eau dans la rivière qui se jette au fond du golfe. Il y avait trois jours que Nuno da Cunha était dans cette baie, qui est toute pleine de hauts-fonds, lorsque son navire, sous l'action d'un vent violent soufflant du large, rompit ses amarres et, jeté à la côte, se brisa. Il répartit alors ses hommes entre les deux autres navires qui l'accompagnaient et qui avaient heureusement tenu bon sur leurs amarres, celui de son frère Pero Vaz en prenant 700 et celui de Dom Fernando de Lima 1.500, et, le 4 septembre 1528, il mit à la voile pour Malindi (1).

XV. — Diogo Botelho partit de Lisbonne en février 1529 pour explorer, par ordre du Roi de Portugal, l'île de Madagascar, afin d'avoir des nouvelles de Dom Luis de Meneces et des deux navires de Manoel de La Cerda et d'Alexis de Abreu (2).

XVI. — Le XII° gouverneur de l'Inde, Martin Alfonso de Sousa, a envoyé de Cochin, en 1543, Diogo Soares avec une caravelle et une barque pour aller s'enquérir à Madagascar des nouvelles de son frère Pero Lopes de Sousa qu'il croyait s'être perdu sur les côtes de cette île. Diogo Soares, qui était un gentilhomme galicien réfugié dans l'Inde à la suite de plusieurs meurtres dont il s'était rendu coupable au Portugal, y alla et se livra au vol et au pillage. Il revint à Goa en mai 1543 avec beaucoup d'argent et beaucoup d'esclaves (3).

XVII. — Sur l'ordre du Roi de Portugal, le vice-roi de l'Inde, Francisco Barreto, envoya en 1557 à Madagascar Bal-

---

(1) Barros, Dec. IV, liv. III, ch. III, p. 264-270; Correa, t. III, p. 309; Diogo do Couto, Dec. IV, liv. V, ch. I, p. 331-332, et ch. III, p. 333-335 et 337-339; d'Andrada, 2ª parte, ch. XLVII, p. 66. — Correa et d'Andrada qui le copie ne sont pas d'accord avec Barros et Couto en ce qui concerne le port où se sont perdus La Cerda, Abreu et Nuno da Cunha et qu'ils disent être sur la côte orientale; ils disent aussi que le Portugais trouvé par Nuno da Cunha était de l'équipage du navire de Pero Vaz o Roxo et non de celui de Abreu. J'ai plus de confiance dans le récit de Barros et de Couto.

(2) Correa, t. III, p. 282.

(3) Correa, t. IV, p. 266 et p. 275.

thazar Lobo de Sousa à la tête d'une caravelle et de deux barques à rames, afin qu'il explorât les ports de cette île, autant pour s'enquérir des nouvelles des marins du *Burgaleza* et du *Santa Cruz* qui avaient disparu en revenant de l'Inde au Portugal en 1553 et qu'on supposait avoir échoué sur ses côtes, que pour se rendre compte du meilleur endroit pour y fonder un comptoir et y bâtir une forteresse.

Parti de Goa, Balthazar Lobo de Sousa fit voile pour Madagascar dont il longea la côte Ouest. Les deux bateaux à rames en reconnurent tous les ports. dont ils fixèrent la position et où ils firent des sondages, tout en s'enquérant des naufragés; quant à lui, il alla les attendre dans la baie de Mahajamba. De cette expédition, il rapporta des notions générales sur l'île, mais il ne trouva aucun Portugais.

XIX. — Des six navires qui partirent en 1559 de l'Inde pour le Portugal, l'un d'eux, la *Nossa Senhora de Barca*, sous le commandement de Dom Luis Fernandes de Vasconcellos, fut surpris par un cyclone dans les parages de Madagascar. Comme il avait une voie d'eau et qu'il enfonçait rapidement, le commandant fit mettre la chaloupe à l'eau et s'y embarqua avec six marins et quelques provisions, puis, se tenant à une certaine distance dans la crainte que tous les gens du bord ne s'y précipitassent et ne la fissent chavirer, il appela ceux qu'il voulait emmener avec lui. Quand il en eut embarqué soixante, il donna l'ordre de mettre à la voile, mais, s'apercevant que le Père Fr. Fernando de Castro, de famille noble, était resté à bord où il était occupé à confesser les matelots, il revint près du navire pour le prendre. Ce digne prêtre, mû par la foi et la charité, ne voulut pas descendre dans l'embarcation, disant qu'il lui importait davantage de sauver les âmes des 200 hommes qui allaient périr dans les flots que de sauver sa vie. Vasconcellos et ses compagnons lui demandèrent de bien vouloir prier pour eux et s'éloignèrent, laissant tout le reste de l'équipage en pleurs. Ils n'étaient encore qu'à une petite distance du navire, quand ils le virent s'abîmer dans les flots, ce qui leur fut, dit l'historien Diogo do Couto qui raconte cette scène, un spectacle douloureux.

Le lendemain, ils eurent vue de la baie de San Iago (baie de Tsingilofilo ou Morombé) sur la côte Ouest, par 20° 1/2 de lat. S., puis contournant la côte Sud, ils s'en allèrent le long de la côte orientale, se nourrissaut avec le peu de vivres qu'il y avait dans le bateau et qu'on leur distribuait en rations si petites qu'elles n'apaisaient pas leur faim. Dom Luis Fernandes de Vasconcellos prenait la même ration que tout le monde et pendant cette traversée il se montra si bon et si humain que ses compagnons d'infortune en étaient tout réconfortés et consolés. Ils s'arrêtèrent sur diverses rades, mais sans oser débarquer. Ils se nourrirent surtout de coquillages et de poissons qu'ils pêchèrent sur les plages. Les indigènes leur apportèrent quelques volailles qui furent données aux malades.

Dans plusieurs de ces baies, ils trouvèrent des individus qui leur parurent être des Javanais, et ils en conclurent que la côte Est de Madagascar a été peuplée par des gens venus de l'île de Java, dont ils parlaient la langue. Ils suivirent ainsi la côte orientale, voguant vers le cap d'Ambre; dans une baie très grande et fort belle (baie de Vohémar ?), par 13° de lat. Sud, ils trouvèrent une galiote portugaise qui, allant de l'Inde à Mozambique, avait dû y relâcher à cause des vents contraires. Ils y hivernèrent ensemble en attendant les vents favorables pour aller à Mozambique (1).

XX. — Les Arabes établis sur la côte Nord-Ouest de Madagascar empêchaient les navires portugais de commercer avec les Malgaches. Vers 1587, Don Jorge de Meneses, gouverneur de Mozambique, envoya un vaisseau de guerre pour les contraindre à leur ouvrir leurs ports. Effrayés, ils promirent tout ce qu'on voulut, mais comme leurs promesses arrachées par la crainte n'inspiraient aucune confiance, les Portugais établirent dans la baie de Mahajamba (?) un poste militaire pour la protection de leurs compatriotes. Au bout de peu de temps, la discorde se mit parmi les soldats détachés dans ce poste, qui retournèrent à Mozambique, laissant seul sur cette terre le Père Fray Juan de San Thomas, moine

(1) Diogo do Couto, Dec. VII, liv. VIII, ch. I, p. 175-179.

dominicain, qui s'employait avec une grande ferveur à la
conversion des Malgaches et qui périt empoisonné par les
Musulmans. Les Portugais vengèrent sa mort en détruisant
la ville arabe où le meurtre avait été commis.

Quelque temps après, Jorge de Meneses envoya un navire
dans cette baie de Mahajamba pour y acheter des vivres. Le
capitaine reçut du roi du pays les meilleures promesses,
mais, prévenu par un indigène qu'on tramait une trahison
contre lui, il se contenta d'envoyer à terre une felouque dont
les matelots furent, pour la plupart, massacrés en débarquant (1).

XXI. — Enfin, en 1613, a eu lieu l'exploration si impor-
tante faite par ordre du vice-roi de l'Inde, Don Jeronimo de
Azevedo. Le Père Luiz Mariano en a fait une très intéressante
relation, dont nous avons donné l'analyse dans le Bulletin du
Comité de Madagascar de 1898 (p. 577 à 604).

Telle est, en résumé, l'histoire des découvertes portugaises
à Madagascar; elles présentent un réel intérêt et méritent de
sortir de l'oubli où on les a si longtemps laissées.

(1) Cardoso, *Agiologio lusitano;* Faria y Sousa, t. III, parte I, ch. IV,
§ 27, p. 41 ; João dos Santos, *Hist. Éthiopie orientale,* trad. franç. de
Charpy, 1688, liv. II, ch. VI, p. 157.

Paris — Imprimerie C. LAMY, 124, boulevard de La Chapelle. 14489

www.ingramcontent.com/pod-product-compliance
Lightning Source LLC
LaVergne TN
LVHW010124060726
842524LV00005B/1721